W0248596

Fisch

schnell & einfach

Autorin: Sabine Sälzer | Fotos: Jörn Rynio

Inhalt

Die Theorie

Die Rezepte

Extra

➤ **GU Serviceseiten**

Schnell und einfach – Fisch und Meeresfrüchte für jeden Tag

Freitags Fisch? Die Zeiten sind vorbei! Heute schmeckt Fisch so lecker, vielseitig und aufregend, dass man ihn viel öfter haben will. Also: Ran an die Delikatessen aus Fluss, See und Meer. Von Forelle bis Muschel finden Sie in diesem Buch unkomplizierte und überraschende Rezepte, die jedem gelingen. Ausgestattet mit Einkaufshilfe und Blitz-Kochkurs kann ganz sicher nichts schief gehen.
Und der Extra-Service für noch mehr Abwechslung: 4 mal köstliche Beilagen – von Stampfkartoffel bis Risotto.
Wann gibt's endlich mal wieder Fisch?

Fisch – die wichtigsten Vertreter

Forelle: Süßwasserfisch mit zartem, würzigem, je nach Sorte unterschiedlich fettreichem Fleisch. Bach- und Regenbogenforelle sind mager, Lachsforelle fetter. Gut geeignet zum Blaukochen, Dünsten, Braten. Gräten leicht zu entfernen.
Ersatz: Felchen (Renke), Saibling, kleine Barsche, Barben.

Hecht: Süßwasserfisch – aromatisch, fettarm, aber grätenreich. Jüngere Fische saftig, zart, schmackhaft, am besten im Ganzen pochieren, Filets braten. Ältere Fische gut geeignet für Farcen und Klößchen.
Ersatz: Forellen, Lachs, Flussbarsch.

Heringsfische: Hering, Sardine, Sardelle – Meeresfischfamilie mit kräftig aromatischem, fett- und eiweißreichem Fleisch. Hauptangebot März bis April. Frische Fische gut zum Grillen, Braten und Marinieren.
Ersatz: je nach Verwendung und Größe untereinander austauschbar.

Goldbrasse (Dorade): Mittelmeerfisch mit sehr schmackhaftem, festem Fleisch, wenig Gräten. Gut zum Braten, Grillen, Dünsten und für edle Fischsuppe.
Ersatz: Zahnbrasse, Rotbrasse, Meerbrasse, aber auch Wolfsbarsch oder Lachs.

Heilbutt: Plattfisch aus dem Meer. Weißer Heilbutt mit feinem, aromatischem Fleisch, schwarzer Heilbutt fetter und derber – aber weit häufiger im Angebot, oft auch als Räucherfisch. Frischer Heilbutt gut geeignet zum Pochieren, zum Dünsten und zum Braten.
Ersatz: Kabeljau, Rotbarsch, Seelachs.

Kabeljau: Meeresfisch mit weißem, sehr magerem Fleisch, das sich äußerst vielseitig zubereiten lässt, besonders geeignet zum Pochieren oder sanft Braten. Gesalzen und luftgetrocknet als Stockfisch im Handel.
Ersatz: Seelachs, Rotbarsch, Schellfisch, Seehecht, Steinbeißer, Seeteufel.

Karpfen: Wohlschmeckender Süßwasserfisch, der weltweit, vor allem aber in Asien, geschätzt wird. Häufig zubereitet als Karpfen blau (pochiert), die Filets gebraten oder frittiert.
Ersatz: Schleie, Waller (Wels).

Lotte (Seeteufel): Grimmig aussehender Meeresfisch mit äußerst wohlschmeckendem, weißem Fleisch, fest und grätenfrei. Besonders begehrt sind die gebratenen oder gedünsteten Medaillons. Relativ teuer.
Ersatz: Seehecht, Steinbeißer (Seewolf), Petersfisch.

Rotbarbe: Feiner Meeresfisch mit hellroten Schuppen, zartes, mageres Fleisch. Kleine Exemplare müssen vor dem Zubereiten nicht ausgenommen werden. Beliebt für mediterrane Rezepte, gegrillt, gebraten, als feine Einlage in Fischsuppe.
Ersatz: Filet von Knurrhahn, kleine Brassen.

Lachs: Meeresfisch, der zum Laichen in Flüsse wandert. Festes, relativ fettes Fleisch mit charakteristischer Färbung. Bestens geeignet für viele verschiedene Zubereitungsarten, von Dünsten über Braten bis Dämpfen, auch sehr gut zum Räuchern und Beizen.
Ersatz: Lachsforelle.

Makrele: Saftig-würziger, recht fetter Meeresfisch, häufig auch geräuchert im Handel. Geeignet für herzhafte Zubereitungen, typischer Grillfisch („Steckerlfisch" in bayerischen Biergärten). Auch gut zum Füllen, Marinieren oder im Backofen Braten.
Ersatz: große Sardinen.

Rotbarsch: Beliebter Meeresfisch mit festem, saftigem, zart rosafarbenem Fleisch. Klassische Zubereitungen wie paniertes Filet, aber auch in der internationalen Küche häufig vertreten zum Frittieren, Dünsten, Pochieren.
Ersatz: Kabeljau, Seelachs, Viktoriabarsch.

Fisch – die wichtigsten Vertreter

Schellfisch: Meeresfisch mit zartem, sehr magerem, beim Garen leicht zerfallendem Fleisch. Wenig Gräten. Ideal zum behutsamen Pochieren und Dämpfen, mit leichten Saucen servieren.
Ersatz: Weißer Heilbutt, Kabeljau, Seelachs.

Seelachs: Populärer Meeresfisch, unverzichtbar in der einfachen Alltagsküche. Würziges, fettarmes Fleisch, das sehr vielseitig zubereitet werden kann: Panieren, Braten, Dünsten, Pochieren.
Ersatz: Kabeljau, Rotbarsch, Schellfisch.

Wolfsbarsch (Loup de mer): Der feinste aller Meeresfische mit zartem, weichem Fleisch, entsprechend teuer. Wird fast nur im Ganzen zubereitet – ideal für Salzkruste, Bratfolie, zum Grillen oder Dünsten.
Ersatz: Flussbarsch, Lachsforelle, Brassen.

Scholle: Plattfisch aus dem Meer, festes, weißes Fleisch mit feinem Aroma. Im Ganzen knusprig braten, als Filets gut zum Braten, Dünsten, Überbacken.
Ersatz: Seezunge und Steinbutt werden ähnlich zubereitet, sind aber noch feiner, noch edler und vor allem noch teurer.

Tunfisch: Bis zu 3 Meter langer Meeresfisch mit festem grätenfreiem Fleisch, das eher an zartes Kalbfleisch erinnert als an Fisch. Stark im Trend für rohe Fischspezialitäten wie Sushi. Ideal auch zum kurzen Grillen oder Braten.
Ersatz: Schwertfisch, ebenso köstlich, wenn auch noch teurer.

Zander: Süßwasserfisch mit zartem, dezent schmeckendem Fleisch, mager und fast grätenfrei. Topfrisch zubereitet eine Delikatesse. Gut geeignet zum Pochieren, Dünsten, Braten, Grillen, als Filets oder im Ganzen.
Ersatz: Forelle, Flussbarsch.

Meeresfrüchte

Garnelen:

Von den winzigen Nordseekrabben über die etwas größeren Shrimps, Crevetten oder Gambas bis hin zu den saftigen Riesengarnelen – sie alle gehören zu einer Unterfamilie der 10-füßigen Krebse. Erkennungszeichen sind der schmale, mehr oder weniger gekrümmte Rücken und die relativ langen Antennen. Die fast durchsichtige, leicht bräunliche Hülle der rohen Krustentiere verwandelt sich beim Kochen in leuchtendes Rot. Da die Größe oft auch den Preis bestimmt: Ein Vergleich beim Einkauf lohnt sich – und Garnelen-Rezepte können problemlos variiert werden!

Langusten, Krebse, Scampi:

Ganz anders als bei den Garnelen sieht die Körperform dieser edlen Krustentiere aus, zu denen auch der Hummer gehört. Mit den ausgeprägten, kräftigen Vorderscheren und dem abgeplatteten Schwanzstück sind sie rein optisch kaum mit den Garnelen zu verwechseln. Diese Delikatessen gibt es häufig auch schon fertig gekocht beim Fischhändler zu kaufen – das feine, weiße Fleisch wird aus dem Panzer gelöst und mit hausgemachter Mayonnaise oder pikanten Saucen serviert.

Muscheln:

Wichtigstes Erkennungsmerkmal für ihre Frische sind die geschlossenen Schalen im Rohzustand. Offene rohe Muscheln auf jeden Fall wegwerfen. Nach dem Garen müssen sich die Muscheln allerdings geöffnet haben, vorm Servieren werden also alle noch geschlossenen aussortiert. Die großen, schwarzen Miesmuscheln sind am weitesten verbreitet und auch recht preiswert. Die feinen, hellbraunen Herzmuscheln und Venusmuscheln mit geriffelter Schale sind kleiner, zarter, seltener und teurer. Da die Muscheln heute meist fertig geputzt verkauft werden, ist die Zubereitung schnell und unkompliziert. Bestes Muschelbesteck: Mit einer leer gegessenen, noch zusammenhängenden Doppelschale das Muschelfleisch der anderen wie mit einer Zange herauszupfen.

Tintenfische:

Dazu gehören die kleinen, zarten Sepia mit kugelig-rundem Körper, die lang gestreckten, gut zum Füllen geeigneten Kalmare und der mit dicken Fangarmen ausgestattete Oktopus. Tintenfisch gibt es frisch oder tiefgekühlt und meist schon küchenfertig geputzt zu kaufen. Kleine Exemplare sind wohlschmeckender und zarter als die großen. Das feste, relativ neutral schmeckende Fleisch eignet sich prima zum Frittieren, zum Braten, Marinieren und Grillen.

Fisch einkaufen und zubereiten

Ob an der Supermarkttheke, beim Fischhändler oder im Urlaub auf dem Markt – Fisch einkaufen ist immer das etwas größere Abenteuer. Ungewisser als der Gang zu Schnitzel, Grillwürstchen & Co. Warum eigentlich? Vielleicht, weil wir es zu selten machen. Und uns nicht immer schnell entscheiden können – zum Beispiel, wenn der im Rezept empfohlene Fisch nicht mehr zu kriegen ist. Dabei ist alles so einfach: Fast für jeden Fisch gibt es einen passenden Ersatz (siehe Warenkunde S. 4 f.) – und für alle Fische gibt es bestimmte Erkennungszeichen, die ihre Qualität verraten.

- **Regel 1:** Fisch (und auch die Fischtheke) soll nicht fischig riechen, sondern angenehm frisch – nach Salzwasser und Seeluft.
- **Regel 2:** Der ganze Fisch hat glasklare, glänzende und leicht hervortretende Augen, die Kiemen leuchten frisch und rot, die Haut ist unbeschädigt und ohne Dellen, das Fleisch elastisch und prall.
- **Regel 3:** Fischfilets haben eine appetitliche Farbe, keine angetrockneten oder verfärbten Ränder und – auch sie riechen gut!

Damit dieser Zustand auch bei der Zubereitung noch erfüllt ist, den Fisch so schnell wie möglich nach Hause bringen, aus dem Papier wickeln und auf einem Porzellanteller mit Frischhaltefolie abgedeckt in den Kühlschrank stellen. Am gleichen Tag zubereiten, spätestens am Tag danach.

TIPP

Unsere Steckbriefe auf Seite 4–6 geben zu jedem verwendeten Fisch geeignete Alternativen an – und auch der Fischhändler berät Sie gerne!

Mehr zum Einkauf auf Seite 64.

Pochieren

Fisch wird niemals sprudelnd gekocht, sonst zerfällt er. Zum Pochieren wird ein Würzsud oder Fischfond (Rezept S.10) nur knapp bis zum Siedepunkt erhitzt. Darin lässt man den Fisch gar ziehen.

1 ***Blaukochen***
Der Sud wird mit Essig gemischt, damit sich die glatte, unbeschädigte Schleimhaut von Forelle & Co. blau färbt.

Dünsten

In zerlassener Butter oder in Öl werden zuerst fein gehackte Zwiebeln oder frisches Gemüse angedünstet. Der Fisch kommt dadurch nicht direkt mit dem heißen Fett in Berührung, sondern gart bei milder Hitze in dem aromatischen Saft, der sich im Topf gebildet hat. So wird die Sauce auch gleich mitgeliefert, meist verfeinert und intensiviert durch Wein, Zitronensaft oder Fond.

2 **Dünsten**
Der Fisch gart auf einem Gemüsebett im dabei entstehenden Saft.

Schmoren

Der Fisch liegt auf einem üppigen Gemüsebett, wird mit etwas Wein oder Brühe beträufelt und schmort bei milder Hitze im fest verschlossenen Topf – im Backofen oder auf dem Herd bei milder Hitze.

Dämpfen

Optimal für ganz Zartes! Die Zutaten kommen weder mit Fett noch mit Wasser in Berührung, sondern garen ausschließlich im Dampf. Dafür bringen Sie in einem Topf wenig Flüssigkeit zum Kochen. Fisch oder Meeresfrüchte werden in einem passenden Sieb (oder auf einem Teller, wie auf S.56) hineingesetzt und der Topf fest verschlossen.

Braten und Frittieren

Fisch trocknet schnell aus, wenn er zu viel oder zu lange Hitze abkriegt. Beim Braten in der Pfanne am besten nur kurz rundum anbräunen und bei sanfter Hitze fertig garen. Vor dem Frittieren werden Fisch und Meeresfrüchte mit Mehl bestäubt, mit Bröseln paniert oder mit einem Teigmantel umhüllt. Damit der Fisch schön knusprig wird, muss das Frittierfett die richtige Temperatur haben.

3 **Temperatur-Test**
Ein Holzstäbchen ins Frittierfett halten – sobald Bläschen aufsteigen, ist es heiß genug.

Grillen

Ideal für relativ fettreiche, festfleischige Fischsorten wie Makrelen, Heringe, Sardinen oder Lachs. Der Rost vom Holzkohlengrill oder Backofen muss sehr gut eingeölt werden, damit die Fische nicht haften bleiben. Besonders gut geeignet zum Grillen sind ganze Fische und Fischsteaks. Sie zerfallen nicht so schnell wie Filets. Für empfindlichen Fisch besser gefettete Alufolie oder Grillschalen aus Alu verwenden.

Pfannenrühren im Wok

Besonders schnell und fettarm ist die Zubereitung im Wok. Fischfilet oder Meeresfrüchte werden dazu erst einmal in kleine Häppchen zerteilt und je nach Rezept würzig mariniert. Das Öl im Wok gut heiß werden lassen und den Fisch unter ständigem Rühren nur 2–3 Minuten garen – solo oder zusammen mit anderen klein geschnittenen Zutaten.

4 **Pfannenrühren**
Im Wok gart der Fisch unter ständigem Rühren in nur 2–3 Minuten.

Fischfond kochen

Ob hausgemacht oder fertig aus dem Glas – Fischfond ist unentbehrlich für Suppen und Saucen. Als Hauptzutat benötigen Sie die Reste von zerteilten Fischen – Köpfe und Gräten, am besten nur von mageren Weißfischen. Also immer mit einpacken lassen, auch wenn Sie nur Filets kaufen. Flossen und Kiemen besser nicht mitkochen, sie machen den Fond leicht bitter.

Fischfond

FÜR 1 L

- **500 g Fischabschnitte**
- **200 g Suppengemüse (Lauch, Petersilienwurzeln, Stangensellerie)**
- **1 Zwiebel**
- **3 EL Olivenöl**
- **1/4 l trockener Weißwein**
- **Salz**
- **1/2 TL weiße Pfefferkörner**
- **1 Lorbeerblatt**
- **1 Zweig Thymian**

TIPP

Genialer Vorrat

Selbstgekochter Fond hält sich in Gläsern abgefüllt einige Tage im Kühlschrank – in Portionsbechern oder Kunststoffboxen eingefroren sogar bis zu 3 Monaten.

1 *Die Fischabschnitte (Gräten und Köpfe ohne Kiemen von mageren Weißfischen) gründlich unter fließendem Wasser abspülen.*

2 *Das Gemüse putzen, waschen und in kleine Würfel schneiden. Zwiebel schälen, grob zerteilen. Fisch und Gemüse in Olivenöl andünsten.*

3 *Weißwein und 1 l Wasser angießen. Aufkochen, Gewürze und Kräuter zugeben, 20 Min. sachte köcheln lassen.*

4 *Ab und zu den Schaum abschöpfen. Topfinhalt durch ein feines Sieb gießen, Brühe in den Topf zurück geben, auf 1 l einköcheln lassen.*

Beilagen zu Fisch

tampfkartoffeln:
al mit Endivie, mal mit
urry – schnell gekocht,
chnell gequetscht und
anz heiß serviert.
chmeckt zu in Butter
ebratenem Filet, panier-
m Filet, im Ofen gebacke-
em Fisch, Fisch mit Sauce
nd auch zu frischen Gar-
elen.

ır 4 Personen 1 kg mehlig
ochende Kartoffeln schä-
n, in Stücke schneiden
nd zugedeckt in wenig
alzwasser garen. Abgie-
en, zurück im heißen Topf
it dem Kartoffelstampfer
erquetschen, 1 EL Butter
ntermischen, salzen und
feffern. Mit Curry, Kreuz-
ümmel oder gestoße-
em Koriander abschme-
ken für die exotische Note,
it grob geschnittenem
ndiviensalat oder gehack-
em, blanchiertem Mangold
ischen für die deftige
ariante.

Ofen-Baguette:
Knuspriges Brot aus dem Ofen, gewürzt mit allem, was sich mit Fisch verträgt. Schmeckt am besten zu Gegrilltem und knusprig Gebratenem, aber auch zu Muscheln, Tintenfisch, Salaten und Fischsuppen.

Für 4–6 Personen 1 Baguette im Abstand von 3–4 cm tief einschneiden. Die Schnittflächen mit einer beliebig gewürzten Buttermischung einstreichen, das Brot in Alufolie wickeln, im heißen Ofen (220°) 10 Min. heiß werden lassen.

Buttermischungen:
150 g weiche Butter wird verrührt mit Salz, Pfeffer und z. B. 2 EL Zitronensaft und 4–6 gehackten Knoblauchzehen; 4 EL gehackten gemischten Kräutern, 2 EL Kapern und 2 EL fein gehackten, in Öl eingelegten Trockentomaten.

Frühlingszwiebel-Risotto:
Gibt's meistens solo zum Sattessen, als kleiner Begleiter zu Fisch ein echter Tipp für Feinschmecker. Passt zu gedämpftem Fisch, im Sud pochiertem Kochfisch, zart gebratenem Filet oder Tintenfischchen.

Für 4 Personen 1 Bund Frühlingszwiebeln putzen, waschen, fein schneiden. In einer großen Pfanne 2 EL Butter zerlassen, die Zwiebeln sanft andünsten. 250 g Risottoreis untermischen, mit 1/8 l Weißwein ablöschen, unter Rühren fast einköcheln lassen. Portionsweise nach und nach etwa 700 ml heiße Gemüsebrühe angießen. Etwa 20 Min. sanft köcheln lassen, dabei oft umrühren. 1 EL Butter im fertigen Risotto zergehen lassen, mit Salz, Pfeffer und Zitronensaft abschmecken.

Mediterraner Kartoffelsalat:
Der Klassiker zum Backfisch – mal mit dem Aroma des Südens gewürzt. Schmeckt zum gegrillten Fisch, zum gebratenen oder zum panierten Filet.

Für 4 Personen 1 kg fest kochende Kartoffeln in 15–20 Min garen. Abgießen, heiß pellen, kurz abkühlen lassen. Marinade anrühren aus 1/8 l Gemüsebrühe, 4 EL Weißweinessig, 1 TL Dijon-Senf, Salz, Pfeffer, 2 fein gehackten Knoblauchzehen, 6 EL Olivenöl, 4 klein gehackten eingelegten Trockentomaten, 1 EL Kapern und reichlich gehacktem Basilikum. Die warmen Kartoffeln in Stücke schneiden, mit der Marinade mischen und kurz durchziehen lassen. Abschmecken und eine Hand voll gehackten Rucola untermischen.

Vorspeisen, Salate, Snacks

Ob Fischbrötchen vom Markt oder Kaviar-Canapée beim Stehempfang – Delikatessen aus dem Meer begegnen uns auf Schritt und Tritt, zu jedem Anlass. Und das Schöne daran: Es muss nicht immer teuer sein. Auch mit leckerem Fischfilet, eingelegten Sardellen, Tunfisch und Muscheln lassen sich schnell und unkompliziert Köstlichkeiten zaubern, die ins große Menü einstimmen oder als kleine Mahlzeit überraschen. Guten Appetit – mit 10 kleinen Feinheiten!

Blitzrezepte

Knoblauchgarnelen

FÜR 4 PERSONEN

- **400 g rohe, ungeschälte Garnelen**
- **6 Knoblauchzehen**
- **6 EL Olivenöl**
- **2 EL Zitronensaft**
- **Salz | Pfeffer**

1 | Die Garnelen am Rücken einschneiden, den Darm entfernen. Knoblauch schälen, in feine Scheibchen schneiden.

2 | Das Öl erhitzen, Knoblauch sanft anbraten. Garnelen dazugeben, rundum 3 Min. braten. Mit Salz, Pfeffer und Zitronensaft würzen. Heiß servieren – mit Weißbrot und Weißwein.

Frittierte Sardellen

FÜR 4 PERSONEN

- **500 g frische, küchenfertige Sardellen**
- **6 EL Mehl**
- **Öl zum Frittieren**
- **1 Zitrone**
- **Salz | Pfeffer**

1 | Die Fische waschen, abtrocknen. Salzen und pfeffern, leicht in Mehl wenden.

2 | In einem Topf reichlich Öl erhitzen, Sardellen portionsweise hineingeben, in etwa 5 Min. knusprig frittieren. Abtropfen lassen, heiß mit Zitronenschnitzen servieren.

fürs Buffet

Fischröllchen in Balsamico

FÜR 4 PERSONEN

- 2 kleine, zarte Zucchini
  5 EL aromatisches Olivenöl
  2 EL Zitronensaft
  500 g Schollenfilets
  2 EL Crème fraîche
  1/8 l milde Gemüsebrühe
  3 EL Aceto Balsamico
  Basilikumblättchen
  Salz | schwarzer Pfeffer

Zubereitung: ca. 35 Min.
Marinierzeit: 12 Std.
➤ Pro Portion etwa: 220 kcal

1 | Zucchini waschen, in Scheiben, dann in feine Stifte schneiden. 1 EL Olivenöl erhitzen, Zucchini darin unter Rühren etwa 2 Min. braten. Mit Salz, Pfeffer und 1 EL Zitronensaft würzen.

2 | Schollenfilets salzen, mit dem restlichen Zitronensaft beträufeln und mit Crème fraîche bestreichen. Quer in etwa 3 cm breite Streifen schneiden. Jeden Streifen mit Zucchinistiften belegen und aufrollen.

3 | Die Röllchen aufrecht nebeneinander in einen Topf schichten. Brühe angießen, zugedeckt erhitzen. Bei milder Hitze etwa 10 Min. garen.

4 | Vom Herd nehmen, Fisch mit Essig und restlichem Olivenöl beträufeln und pfeffern. Über Nacht zugedeckt im Kühlschrank durchziehen lassen. Etwa 1 Std. vor dem Servieren herausnehmen, mit Basilikum garnieren.

➤ Beilage: Weißbrot
➤ Getränk: leichter, trockener Weißwein oder Sekt

zum Mitnehmen

Fischbällchen

FÜR 4 PERSONEN

- 50 g Weißbrotkrume
  350 g Fischfilet (z. B. Seelachs oder Kabeljau)
  1/2 TL Korianderpulver
  1 EL abgeriebene, unbehandelte Orangenschale
  1 EL Orangensaft
  1 Ei
  ca. 1/2 Bund glatte Petersilie
  1/2 l Öl zum Frittieren
  Semmelbrösel
  Salz | schwarzer Pfeffer

Zubereitung: ca. 35 Min.
➤ Pro Portion etwa: 260 kcal

1 | Weißbrotkrume in Stückchen schneiden, in kaltem Wasser einweichen. Das Fischfilet entgräten und klein schneiden. Mit Salz, Pfeffer, Koriander und Orangenschale würzen.

2 | Das Weißbrot gut ausdrücken. Mit Fischfilet und Orangensaft im Mixer pürieren. Das Ei unterrühren, Petersilie waschen und fein hacken, untermischen. Kräftig salzen und pfeffern.

3 | In einem großen Topf oder in der Fritteuse das Öl erhitzen. Aus der Fischmasse einen kleinen Probekloß formen, ins heiße Öl gleiten lassen. Zerfällt er, ist die Masse noch zu weich, dann Semmelbrösel untermischen. Bällchen formen, portionsweise knusprig frittieren, auf Küchenpapier abtropfen lassen. Frisch, lauwarm oder kalt servieren.

➤ Beilage: Knoblauch-Mayonnaise oder Chilisauce
➤ Getränk: Bier oder Rosé

im Bild vorne: Fischröllchen in Balsamico *im Bild hinten:* Fischbällchen ➤

mediterran | für Gäste

Überbackene Muscheln

FÜR 4 PERSONEN

- **1 kg frische, geputzte Miesmuscheln**
- **1 Zwiebel**
- **2 Knoblauchzehen**
- **1/4 l trockener Weißwein**
- **1 Packung stückige Tomaten (500g)**
- **150 g Mozzarella**
- **2 EL gemischte, gehackte Kräuter (TK oder frisch)**
- **2 EL Zitronensaft**
- **6 EL Olivenöl**
- **50 g Hartkäse, frisch gerieben**
- **Salz | schwarzer Pfeffer**

Zubereitung: ca. 40 Min.

Pro Portion etwa: 360 kcal

1 | Muscheln abspülen, die geöffneten aussortieren. Zwiebel und Knoblauch schälen, grob zerteilen. Mit den Muscheln in einen Topf geben, Wein angießen, zugedeckt erhitzen. Etwa 5 Min. garen, bis sich die Schalen öffnen. Muscheln herausnehmen, noch geschlossene aussortieren.

2 | Muschelsud durchsieben. Mit den Tomaten in den Topf zurückgeben, dicklich einköcheln lassen. Kräftig salzen und pfeffern. Backofen auf 225° (Umluft 200°) vorheizen. Muschelhälften trennen, leere Hälften wegwerfen. Muschelfleisch auslösen, wieder in die freien Schalenhälften zurücklegen.

3 | Tomatensauce in eine flache feuerfeste Form füllen. Mozzarella in winzige Würfel schneiden. Mit Kräutern, Zitronensaft und 4 EL Öl mischen, salzen und pfeffern. Auf die Muschelhälften verteilen, in die Sauce setzen. Mit geriebenem Käse bestreuen, mit Öl beträufeln, etwa 10 Min. überbacken (Mitte). Heiß servieren.

- Beilage: frisches Weißbrot
- Getränk: Weißwein

schmeckt auch kalt

Räucherfisch-Omelett

FÜR 4 PERSONEN

- **250 g Räucherfisch (z. B. Makrele, Bückling)**
- **1 EL Zitronensaft**
- **1 EL gehackter Dill**
- **6 Eier | 2 EL Butter**
- **50 g mit Paprika gefüllte grüne Oliven**
- **Salz | schwarzer Pfeffer**

Zubereitung: ca. 25 Min.

Pro Portion etwa: 310 kcal

1 | Räucherfisch von Kopf, Haut und Gräten befreien, klein zupfen. Zitronensaft und Dill untermischen.

2 | Eier verquirlen, salzen und pfeffern. In einer großen Pfanne die Butter zerlassen, Fisch gleichmäßig darin verteilen. Eier angießen, 5–6 Min. bei milder Hitze ohne Rühren stocken lassen. Oliven in Scheiben schneiden.

3 | Omelett durch Rütteln vom Pfannenboden lösen. Auf einen Teller gleiten lassen, umgekehrt in die Pfanne zurückgeben. Mit Oliven bestreuen, in ca. 5 Min. fertig backen. Warm, lauwarm oder kalt in Stücke schneiden.

- Beilage: kühle, würzige Tomatensauce

im Bild vorne: **Überbackene Muscheln** *im Bild hinten:* **Räucherfisch-Omelett** ➤

zum Mitnehmen

Tunfischsalat

FÜR 4 PERSONEN

- **2 Bund Rucola**
  250 g Tomaten
  1 milde weiße Zwiebel
  4 EL Weißweinessig
  1 TL scharfer Senf
  2 Knoblauchzehen
  2 eingelegte Sardellenfilets
  6 EL Olivenöl
  1 Dose weiße Bohnen (400 g)
  2 Dosen Tunfisch im eigenen Saft (je 220 g)
  Salz | schwarzer Pfeffer

Zubereitung: ca. 30 Min.
- Pro Portion etwa: 550 kcal

1 | Rucola waschen und abtropfen lassen, Stiele entfernen. Tomaten waschen, klein würfeln. Zwiebel schälen, halbieren, in dünne Scheibchen schneiden.

2 | Essig mit Senf verquirlen, Knoblauch schälen und dazupressen. Sardellen abspülen, trocknen, fein hacken und untermischen. Mit Pfeffer würzen, das Öl kräftig unterschlagen.

3 | Bohnen und Tunfisch abtropfen lassen, in einer Schüssel mischen. Mit etwa zwei Drittel der Marinade anmachen. Rucola auf einer Platte ausbreiten, mit restlicher Marinade beträufeln. Fisch und Bohnen darauf verteilen, mit Tomaten und Zwiebeln bestreuen. Leicht salzen und pfeffern.

- Beilage: Ofen-Baguette

gut vorzubereiten

Fisch-Gemüse-Salat

FÜR 4 PERSONEN

- **500 g Fischfilet (z. B. Seelachs oder Kabeljau)**
  4 EL Zitronensaft
  1 Stange Lauch
  1 rote Paprikaschote
  4 EL Öl
  Worcestersauce
  1 EL Butter | 1 Bund Dill
  150 g saure Sahne
  2 EL Kapern mit Sud
  Salz | schwarzer Pfeffer

Zubereitung: ca. 40 Min.
Marinierzeit: 12 Std.
- Pro Portion etwa: 260 kcal

1 | Fischfilets salzen und mit 2 EL Zitronensaft beträufeln. Lauch und Paprikaschote putzen und waschen, in feine Streifen schneiden.

2 | In einer großen Pfanne mit Deckel das Öl erhitzen. Das Gemüse kurz andünsten, mit Zitronensaft, Salz, Pfeffer und Worcestersauce würzen.

3 | Den Fisch aufs Gemüse legen, Butterflöckchen darüber verteilen. Zugedeckt etwa 10 Min. sanft garen. Vom Herd nehmen, abkühlen lassen.

4 | Dill fein hacken. Mit der sauren Sahne und dem Kapernsud verrühren, salzen und pfeffern.

5 | Die Fischfilets aus der Pfanne nehmen, in kleine Stückchen teilen und abwechselnd mit Gemüse in eine Schüssel schichten. Jede Fischlage mit etwas Dill-Sauce begießen und mit Kapern bestreuen. Im Kühlschrank zugedeckt über Nacht durchziehen lassen.

- Beilage: Weißbrot
- Getränk: Rosé

im Bild vorne: **Fisch-Gemüse-Salat** *im Bild hinten:* **Tunfischsalat**

fürs Buffet | herzhaft

Crostini mit Sardellencreme

FÜR 8 PERSONEN

- **3 Frühlingszwiebeln**
- **8 EL Olivenöl**
- **2 Knoblauchzehen**
- **100 g eingelegte Sardellenfilets**
- **1 Bund glatte Petersilie**
- **50 g grüne Oliven ohne Stein**
- **4 TL Kapern mit Sud**
- **50 g würziger Hartkäse, frisch gerieben**
- **3 Eier, hart gekocht**
- **16 Scheiben Baguette**
- **Pfeffer**

Zubereitung: ca. 30 Min.
Pro Portion etwa: 230 kcal

1 | Frühlingszwiebeln putzen und waschen, fein hacken. In einer Pfanne 1 EL Öl erhitzen, Zwiebeln andünsten. Knoblauch schälen, dazupressen. Vom Herd nehmen und abkühlen lassen.

2 | Die Sardellenfilets abspülen, fein hacken. Die Petersilie waschen, 16 Blättchen beiseite legen.

3 | Übrige Petersilie mit Zwiebeln, restlichem Öl, Sardellen, Oliven und 3 TL Kapern mit Sud im Blitzhacker glatt pürieren. Käse untermischen, pfeffern. Eier schälen, in Scheiben schneiden.

4 | Kurz vorm Servieren die Brotscheiben im Backofen anrösten. Mit Sardellencreme bestreichen, mit Ei, Petersilienblatt und Kapern garnieren.

➤ Getränk: leichter Weißwein

gut vorzubereiten

Gebratener Tintenfischsalat

FÜR 4 PERSONEN

- **1/2 TL schwarze Pfefferkörner**
- **1 Lorbeerblatt**
- **500 g küchenfertige Tintenfische**
- **1 großes Bund Frühlingszwiebeln (etwa 250 g)**
- **8 EL Olivenöl**
- **1 Prise Chilipulver**
- **1/4 TL Zucker**
- **3 EL Zitronensaft**
- **1 Bund glatte Petersilie**
- **2 EL Rotweinessig**
- **Salz | Pfeffer**

Zubereitung: ca. 45 Min.
Marinierzeit: 2 Std.
Pro Portion etwa: 290 kcal

1 | 1 l Wasser mit 1 TL Salz, Pfefferkörnern und Lorbeerblatt aufkochen. Tintenfische abspülen, hineinlegen, in etwa 30 Min. weich kochen. Im Sud abkühlen lassen. Frühlingszwiebeln putzen, waschen, längs halbieren. In 2 cm lange Stücke schneiden.

2 | Tintenfische herausnehmen, abtrocknen und klein schneiden. In einer Pfanne etwa 4 EL Öl erhitzen. Den Tintenfisch unter Rühren 5 Min. kräftig braten, herausnehmen. Zwiebeln kurz anbraten. Mit Chilipulver, Salz, Pfeffer, Zucker und Zitronensaft würzen. 5 Min. weiter braten, vom Herd nehmen.

3 | Petersilie waschen, grob hacken. Tintenfisch mit Zwiebeln mischen, mit Weinessig und restlichem Öl begießen, mit Petersilie bestreuen. Abschmecken, etwa 2 Std. durchziehen lassen.

➤ Beilage: Weißbrot
➤ Getränk: leichter Rotwein

im Bild rechts: **Crostini mit Sardellencreme** *im Bild links:* **Gebratener Tintenfischsalat** ➤

Suppen & Eintöpfe

Endlich – Suppen sind heute gefragt wie nie: Beliebt als Seelentröster und Sattmacher, als feiner Auftakt oder üppige Schlemmerei. In vielfältigen Kombinationen, mit Gewürzen und Aromen aus aller Welt sind die Ein-Topf-Gerichte ideal für alle, die viel Aufwand beim Kochen scheuen und trotzdem gesund und abwechslungsreich essen wollen. Einfach weiterblättern – und 9 mal die Kelle schwingen.

Blitzrezepte

Thaisüppchen

FÜR 4 PERSONEN

- 100 g Reisnudeln (Asienladen)
  1 l Fischfond
  1/4 TL zerstoßene Chilischote
  3 Frühlingszwiebeln
  150 g gegarte, geschälte Garnelen
  Sojasauce
  2 EL Zitronensaft

1 | Reisnudeln wie auf der Packung beschrieben garen, abtropfen lassen. Fischfond mit Chili erhitzen.

2 | Frühlingszwiebeln putzen, in feine Ringe schneiden, in der Brühe 1 Min. köcheln lassen. Garnelen und Nudeln einrühren, 1–2 Min. erhitzen, aber nicht kochen. Mit Sojasauce und Zitronensaft würzen.

Erbsensuppe mit Forelle

FÜR 4 PERSONEN

- 1 kleine Zwiebel | 1 EL Butter
  600 ml Geflügelfond
  100 ml Weißwein
  100 g Sahne
  300 g tiefgekühlte Erbsen
  150 g geräucherte Forellenfilets
  2 EL Schnittlauchröllchen
  Salz | Pfeffer

1 | Zwiebel schälen, fein hacken, in Butter andünsten. Mit Fond, Wein und Sahne ablöschen und aufkochen. Erbsen darin 10 Min. köcheln lassen. Im Topf pürieren, würzen. Forellenfilets enthäuten, klein schneiden, mit Schnittlauch in der Suppe servieren.

herzhaft | preiswert

Kartoffelcreme mit Rotbarsch-Croûtons

FÜR 4 PERSONEN

- **3/4 l Fischfond**
- **1/8 l trockener Weißwein**
- **400 g mehlig kochende Kartoffeln**
- **125 g Sahne**
- **200 g Rotbarschfilet**
- **1 Ei**
- **1/2 TL abgeriebene, unbehandelte Zitronenschale**
- **einige Tropfen Tabasco**
- **2 EL Mehl**
- **5 EL Semmelbrösel**
- **Öl zum Ausbacken**
- **2 EL Zitronensaft**
- **Salz | weißer Pfeffer**

Zubereitung: 45 Min.

Pro Portion etwa: 320 kcal

1 | Fischfond und Wein zum Kochen bringen. Kartoffeln schälen, in kleine Stücke schneiden und im Sud in 10–15 Min. weich garen. Im Topf mit dem Pürierstab glatt pürieren, Sahne angießen, bei milder Hitze weiter köcheln lassen.

2 | Das Fischfilet entgräten, in 2 cm lange Streifen schneiden. Das Ei mit Salz, Pfeffer, Zitronenschale und Tabasco verquirlen. Fischstreifen rundum leicht mit Mehl bestäuben. Mit einer Gabel im gewürzten Ei, dann in den Semmelbröseln wenden.

3 | In einer Pfanne Öl heiß werden lassen. Die Fischstreifen darin 2–3 Min. knusprig frittieren und auf Küchenpapier abtropfen lassen. Die Suppe mit Salz, Pfeffer und Zitronensaft abschmecken, auf vorgewärmte Teller verteilen. Fisch-Croûtons als Suppeneinlage servieren.

für Gäste

Lachsklößchen in Kräuterbrühe

FÜR 4 PERSONEN

- **400 g gekühltes Lachsfilet**
- **1/2 unbehandelte Zitrone**
- **2 Eiweiße**
- **150 g Sahne**
- **3/4 l Fischfond (Seite 10)**
- **1 EL gehackter Dill**
- **1 EL Schnittlauchröllchen**
- **1 TL gehackter Estragon**
- **Salz | weißer Pfeffer**

Zubereitung: 1 Std.

Pro Portion etwa: 330 kcal

1 | Das gut gekühlte Lachsfilet gründlich entgräten. Den Fisch in kleine Stückchen schneiden. Die Zitronenschale heiß abwaschen, abtrocknen und fein abreiben. Zitronensaft auspressen. Lachs mit beidem würzen.

2 | Den Fisch mit den Eiweißen pürieren, salzen und pfeffern. Kurz kalt stellen. Sahne steif schlagen, locker unter die Fischmasse ziehen und wieder kalt stellen.

3 | In einem Topf 1 l Salzwasser erhitzen. Den Fischfond in einem zweiten Topf aufkochen. Von der Lachsmasse mit zwei kalt abgespülten Teelöffeln kleine Nocken abstechen, ins siedende Salzwasser geben und in etwa 5 Min. gar ziehen lassen. Herausnehmen, abtropfen lassen und zugedeckt warm halten.

4 | Den Fischfond mit Salz und Pfeffer abschmecken, die Kräuter einrühren. Lachsklößchen in der Brühe servieren.

im Bild vorne: **Kartoffelcreme mit Rotbarsch-Croûtons** *im Bild hinten:* **Lachsklößchen in Kräuterbrühe**

gelingt leicht | asiatisch

Fischcurry

FÜR 4 PERSONEN

- 600 g Fischfilet (z. B. Rotbarsch oder Kabeljau)
  5 EL Zitronensaft
  2 EL Currypulver (mild oder scharf)
  200 g frische Champignons
  1 Bund Frühlingszwiebeln
  2 rote Chilischoten (frisch oder getrocknet)
  1 Stück frischer Ingwer (walnussgroß)
  5 EL Öl
  1 1/2 EL Mehl
  je 1/2 TL Kreuzkümmel und Koriander, gemahlen
  1/8 l Geflügelbrühe (Instant)
  125 g Sahne
  Salz | Pfeffer

Zubereitung: 45 Min.
- Pro Portion etwa: 380 kcal

1 | Fischfilet in etwa 3 cm große Würfel schneiden. Leicht salzen, mit 2–3 EL Zitronensaft beträufeln und mit 1 EL Currypulver bestäuben.

2 | Die Champignons abreiben, Stielenden abschneiden. Die Pilze zerkleinern. Die Frühlingszwiebeln putzen und waschen, schräg in etwa 1 cm breite Stücke schneiden.

3 | Die Chilischoten längs aufschlitzen, die Kerne entfernen. Schoten in feine Ringe schneiden, danach sofort die Hände gründlich waschen. Ingwer schälen und fein hacken.

4 | 2 EL Öl in einer großen Pfanne oder im Wok erhitzen. Pilze und Frühlingszwiebeln darin unter Rühren etwa 5 Min. braten. Aus der Pfanne nehmen und abgedeckt warm halten.

5 | Das restliche Öl in die Pfanne gießen und erhitzen. Fischwürfel leicht mit Mehl bestäuben, rundum in etwa 5 Min. knusprig braten. Herausnehmen, mit dem Gemüse mischen, leicht salzen und pfeffern. Weiterhin abgedeckt warm halten.

6 | Ingwer und Chiliringe ins Bratfett rühren. Mit dem restlichen Currypulver, Kreuzkümmel und Koriander bestäuben, unter Rühren leicht anschwitzen. Die Brühe und die Sahne angießen, kräftig aufkochen. Mit Salz, Pfeffer und Zitronensaft abschmecken. Sämig einköcheln lassen.

7 | Fisch und Gemüse in der heißen Sauce schwenken, gleich servieren.

- Beilage: Reis
- Getränk: Bier

TIPP

Paste statt Pulver

- Sie können auch mit fertiger Currypaste aus dem Glas würzen – die gibt's im Asienladen in verschiedenen Sorten und hält sich auch geöffnet im Kühlschrank einige Wochen.
- Dosierung nur teelöffelweise! Und immer wieder abschmecken, damit's nicht zu feurig wird.

macht was her

Frühlingssüppchen mit Scholle

FÜR 4 PERSONEN

- **100 g Zuckerschoten**
- **3 zarte Möhren**
- **1 Petersilienwurzel**
- **1/2 l Fischfond (Seite 10)**
- **ca. 1/4 l halbtrockener Weißwein**
- **400 g ganz frisches Schollenfilet (noch edler: Steinbuttfilet)**
- **1/2 TL rosa Pfefferkörner**
- **Salz**

Zubereitung: 30 Min.
➤ Pro Portion etwa: 140 kcal

1 | Die Zuckerschoten putzen und waschen, die Fäden seitlich abziehen. Schoten in Stückchen schneiden. Die Möhren und die Petersilienwurzel putzen und schälen. Längs in dünne Scheiben und diese in winzige Würfel schneiden.

2 | Den Fischfond mit Weißwein und Wasser auf etwa 1 l auffüllen. Zugedeckt in einem Topf zum Kochen bringen.

3 | Das Schollenfilet roh in dünne, kleine Scheibchen schneiden und auf vier vorgewärmte Suppenteller verteilen. Die Pfefferkörner im Mörser zerstoßen. Den Fisch leicht salzen und mit dem Pfeffer bestreuen.

4 | Gemüse im Fischsud in etwa 1 Min. bissfest köcheln. Die kochend heiße Suppe mit dem Gemüse vorsichtig in die vorbereiteten Teller mit der Scholle gießen. Kurz ziehen lassen, damit der Fisch etwas gart und noch heiß servieren.

Klassiker

Muscheln in Weißwein

FÜR 4 PERSONEN

- **2,5 kg frische Muscheln**
- **1 Zwiebel**
- **4 Knoblauchzehen**
- **3/4 l trockener Weißwein**
- **2 Lorbeerblätter**
- **1 Bund glatte Petersilie**
- **1 TL abgeriebene, unbehandelte Zitronenschale**
- **Salz | Pfeffer**

Zubereitung: 30 Min.
➤ Pro Portion etwa: 190 kcal

1 | Muscheln abbrausen und gründlich waschen. Geöffnete Muscheln aussortieren und wegwerfen.

2 | Zwiebel und Knoblauch schälen, Zwiebel in Ringe schneiden, Knoblauch grob hacken.

3 | In einem großen Topf den Wein mit Zwiebel, Knoblauch und Lorbeerblättern aufkochen lassen. Salzen und pfeffern.

4 | Muscheln in den Topf geben, zudecken und etwa 10–12 Min. garen. Inzwischen die Petersilie waschen und sehr fein hacken.

5 | Noch geschlossene Muscheln aussortieren und wegwerfen. Petersilie und Zitronenschale unter die Muscheln im Topf mischen, heiß servieren.

➤ Beilage: viel knuspriges Weißbrot

➤ Getränk: trockener Weißwein

im Bild vorne: **Frühlingssüppchen mit Scholle** *im Bild hinten:* **Muscheln in Weißwein** ➤

gut vorzubereiten

Mediterraner Eintopf

FÜR 4 PERSONEN

- 1 Zweig frischer Rosmarin (oder 1 TL getrockneter)
- 2 Knoblauchzehen
- 1 EL Olivenöl
- 1 1/2 l Fischfond (Seite 10)
- 5 EL Zitronensaft
- 2 Hähnchenkeulen
- 400 g Zucchini
- 400 g Fleischtomaten
- 600 g gemischte Fischfilets (z. B. Schellfisch, Kabeljau, Dorsch)
- Salz | schwarzer Pfeffer

Zubereitung: 1 Std.
Pro Portion etwa: 190 kcal

1 | Rosmarinnadeln und geschälten Knoblauch hacken. Öl in einem großen Topf erhitzen, Rosmarin und Knoblauch darin sanft andünsten. Fischfond und Zitronensaft angießen und erhitzen. Die Hähnchenkeulen hineingeben, in etwa 15 Min. zugedeckt garen.

2 | Zucchini waschen, längs vierteln, in 1 cm dicke Stücke schneiden. Tomaten überbrühen und enthäuten. Halbieren, entkernen und klein schneiden.

3 | Die Hähnchenkeulen herausnehmen, das Fleisch ablösen und klein schneiden.

4 | Zucchini und Tomaten in den Topf geben und etwa 5 Min. köcheln lassen. Mit Salz und Pfeffer abschmecken.

5 | Die Fischfilets in Würfel schneiden, leicht salzen. Mit dem Hähnchenfleisch in die Brühe geben, bei milder Hitze nochmals 10 Min. ziehen lassen.

- Beilage: Ofen-Baguette
- Getränk: Rosé

gelingt leicht | scharf

Asia-Fischtopf

FÜR 4 PERSONEN

- 20 g getrocknete Mu-Err-Pilze
- 1 getrocknete Chilischote
- 1 EL Öl | 1 l Geflügelbrühe
- 300 g Tomaten
- 2 Stängel Zitronengras
- 2 EL Koriandergrün
- 4 Frühlingszwiebeln
- 150 g Möhren
- 250 g Fischfilet (Schellfisch, Rotbarsch)
- 2 EL Zitronensaft
- Salz | Pfeffer

Zubereitung: 1 Std.
Pro Portion etwa: 140 kcal

1 | Die Pilze einweichen. Die Chilischote fein hacken. In einem Topf das Öl erhitzen, Chili anrösten. Die Brühe angießen und aufkochen. Die Tomaten waschen, vierteln und in den Topf geben. Das Zitronengras waschen, in Stücke schneiden, dazugeben. 1 EL Koriandergrün einstreuen, 30 Min. köcheln lassen.

2 | Frühlingszwiebeln und Möhren putzen und waschen, in sehr feine Streifen schneiden. Die Pilze abtropfen lassen, klein schneiden. Den Fisch klein schneiden.

3 | Die Suppe durchsieben, in den Topf zurückgeben. Aufkochen und das Gemüse darin etwa 5 Min. garen. Fisch darin bei milder Hitze etwa 3–5 Min. ziehen lassen. Mit Salz, Pfeffer und Zitronensaft abschmecken, mit Koriander bestreuen.

im Bild vorne: Asia-Fischtopf *im Bild hinten:* Mediterraner Eintopf

Fisch für jeden Tag

Jede Woche Fisch – das fordern die Experten für unsere Gesundheit. Das sollte nicht schwer fallen, denn in diesem Kapitel finden Sie garantiert Lieblingsgerichte für die ganze Familie. Saftig oder knusprig, pikant oder mild, für jede Jahreszeit und immer zum Anbeißen lecker. Genuss-Tipp: Beim Fischkauf variieren, austauschen und nur das nehmen, was überzeugend frisch aussieht und gut riecht. 16 mal gesund genießen – machen Sie mit!

Blitzrezepte

Fischburger

FÜR 4 PERSONEN

- 500 g Seelachsfilet | 2 EL Zitronensaft
  2 Eier | 50 g Crème fraîche
  3 EL Semmelbrösel | 1 EL Senf
  1 EL abgeriebene Zitronenschale
  Worcestersauce | 3 EL Olivenöl
  4 Brötchen | Salatblätter
  Remoulade | Salz | Pfeffer

1 | Den Fisch in wenig Wasser mit Zitronensaft, Salz und Pfeffer zugedeckt 10 Min. dünsten. Auf Küchenpapier abtropfen lassen, klein zerpflücken. Mit allen Zutaten außer Öl gründlich vermengen und abschmecken. Klopse formen, in heißem Öl braten. Im aufgeschnittenen Brötchen mit Salatblatt und Remoulade servieren.

Kochfisch in Senfsahne

FÜR 4 PERSONEN

- 800 g Fischfilet
  3 EL Zitronensaft
  200 g Sahne
  100 ml Fischfond
  1 EL scharfer Senf
  Muskatnuss, frisch gerieben
  Salz | Pfeffer

1 | Fisch mit Zitronensaft marinieren, leicht salzen und pfeffern. Sahne mit Fond etwa 10 Min. einköcheln lassen.

2 | Filets hineinlegen, etwa 6 Min. ziehen lassen. Den Fisch herausnehmen, warm halten. Sauce mit Senf glatt rühren, aufkochen und abschmecken.

gelingt leicht

Fisch-Ratatouille

FÜR 4 PERSONEN

- 400 g Fischfilet (z. B. Kabeljau)
- 2 Knoblauchzehen
- 2 EL Weißweinessig
- je 1 kleine gelbe, grüne und rote Paprikaschote
- 1 kleiner Zucchino
- 1 große Fleischtomate
- 1 mittelgroße Zwiebel
- 4 EL Olivenöl
- 1/2 TL getrockneter Oregano
- 1 EL Aceto Balsamico
- Salz | Pfeffer

Zubereitung: 50 Min.

➤ Pro Portion etwa: 190 kcal

1 | Den Fisch in Würfel schneiden, leicht salzen. Knoblauch schälen, fein hacken. Mit dem Weinessig mischen und über den Fisch träufeln.

2 | Paprika und Zucchino waschen, putzen und klein würfeln. Die Tomate überbrühen, häuten, grob hacken. Die Zwiebel schälen, halbieren, in Scheiben schneiden.

3 | In einem Topf das Öl erhitzen. Den Fisch rundum kurz anbraten, herausnehmen. Zwiebel, Paprika und Zucchini bei mittlerer Hitze 10 Min. braten. Mit Salz, Pfeffer, Oregano würzen. Tomate unterrühren, etwa 8 Min. köcheln lassen. Den Fisch darin bei milder Hitze etwa 5 Min. ziehen lassen. Mit Balsamico abschmecken.

➤ Beilage: Bandnudeln

➤ Getränk: leichter Rotwein

preiswert | Klassiker

Bratfisch mit Eier-Kapern-Dip

FÜR 4 PERSONEN

- 2 Eier, hart gekocht
- 2 Gewürzgurken
- 2 EL leichte Mayonnaise
- 150 g Joghurt
- 3 TL Kapern
- 2 TL gehackter Dill
- 2 EL Zitronensaft
- 800 g Fischfilets (z. B. Seelachs)
- 2 EL Mehl
- 1 EL edelsüßes Paprikapulver
- 3 EL Öl | 1 EL Butter
- Salz | Pfeffer

Zubereitung: 35 Min.

➤ Pro Portion etwa: 400 kcal

1 | Die Eier pellen, Eigelbe herauslösen und beiseite legen. Eiweiße und Gurken fein hacken. Die Mayonnaise mit dem Joghurt verrühren. Gehackte Eiweiße, Gurken, 2 TL Kapern und 1 TL gehackten Dill untermischen. Mit Zitronensaft, Salz und Pfeffer würzen. Eigelbe durch die Knoblauchpresse drücken, den Dip mit Eigelbkrümeln, Dill und Kapern garnieren.

2 | Die Fischfilets in kleine Portionsstücke schneiden, salzen und pfeffern. Das Mehl mit dem Paprikapulver mischen, die Filets damit von beiden Seiten bestäuben.

3 | In einer großen Pfanne das Öl erhitzen, die Butter darin schmelzen. Die Filets etwa 5 Min. anbraten. Wenden und je nach Dicke in 7–10 Min. fertig braten. Frisch aus der Pfanne zum Eier-Dip servieren.

➤ Beilage: Vollkornbrot

➤ Getränk: Bier

im Bild vorne: **Bratfisch mit Eier-Kapern-Dip** *im Bild hinten:* **Fisch-Ratatouille** ➤

gut vorzubereiten | herzhaft

Fisch im Kartoffelbett

FÜR 4 PERSONEN

- 800 g Schellfischsteaks (ersatzweise Tunfisch oder Lachs)
- 1 Zweig frischer Rosmarin (ersatzweise 1 TL getrockneter)
- 200 ml halbtrockener Weißwein
- 2 Lorbeerblätter
- 800 g fest kochende Kartoffeln
- 4 kleine Zwiebeln
- 4 Knoblauchzehen
- 6 EL Olivenöl
- 600 g reife, aromatische Tomaten
- 1/2 Bund glatte Petersilie
- Salz | Pfeffer

Zubereitung: 1 Std. 15 Min.

- Pro Portion etwa: 450 kcal

1 | Die Fischscheiben abspülen und abtrocknen. Salzen und pfeffern, in eine flache Schale legen. Rosmarin fein hacken und etwas davon auf den Fisch streuen, den Wein angießen. Lorbeerblätter dazulegen.

2 | Kartoffeln waschen und schälen, in etwa 1 cm große Würfel schneiden. Die Zwiebeln schälen und vierteln. Knoblauch schälen, die Zehen ganz lassen. Den Backofen auf 200° vorheizen.

3 | Das Öl in einem Bräter erhitzen, restlichen Rosmarin einstreuen. Die Kartoffelwürfel unter Rühren kräftig anbraten. Dann die Zwiebeln und Knoblauchzehen im Bräter verteilen, salzen und pfeffern.

4 | Den Bräter in den Backofen stellen (Mitte, Umluft 180°) und alles etwa 30 Min. braten. Ab und zu durchrühren und immer wieder einige Löffel vom Weinsud des eingelegten Fisches über die Kartoffeln träufeln.

5 | Zwischendurch die Tomaten kurz überbrühen, enthäuten und grob zerteilen.

6 | Nach den 30 Min. die Tomaten unter die Kartoffeln mischen, salzen und pfeffern. Die Fischscheiben aus der Marinade heben, auf das vorbereitete Gemüse legen und alles mit dem restlichen Sud beträufeln. Den Fisch in etwa 10 Min. garen.

7 | Die Petersilie waschen und trockenschütteln. Blättchen abzupfen und über den Fisch streuen. Ofenfrisch direkt im Bräter servieren.

- Beilage: Weißbrot
- Getränk: trockener Weißwein

TIPPS

Fisch für Kinder

- Auch bei den Kleinen ist das saftige Ofengericht beliebt und Fisch so besonders willkommen – dann aber den Wein durch lecker gewürzte Brühe und Zitronensaft ersetzen.
- Gräten – nein danke! Dazu ist auch die Wahl der Fischsorte wichtig. Und auf Seite 64 gibt's Tipps fürs Entgräten.

gut vorzubereiten

Überbackenes Filet auf Spinat

FÜR 4 PERSONEN

- 1 kleine Zwiebel
- 2 Knoblauchzehen
- 3 EL Butter
- 600 g tiefgekühlter Blattspinat
- 2 EL Weißwein
- Muskatnuss, frisch gerieben
- 200 g Crème fraîche
- 1 EL Zitronensaft
- 800 g Fischfilet (z. B. Rotbarsch, Kabeljau, Seelachs)
- 50 g Emmentaler, frisch gerieben
- Salz | weißer Pfeffer

Zubereitung: 45 Min.

➤ Pro Portion etwa: 350 kcal

1 | Zwiebel und Knoblauch schälen und fein hacken, in 1 TL Butter andünsten. Den Spinat und den Weißwein dazugeben und zugedeckt bei milder Hitze auftauen lassen. Mit Salz, Pfeffer und Muskat würzen. Den erwärmten Spinat in einem Sieb gut abtropfen lassen.

2 | Den Backofen auf 200° vorheizen. Eine feuerfeste Form mit 1 EL Butter ausstreichen. Die Fischfilets in Portionsstücke schneiden, salzen und pfeffern. Crème fraîche mit Zitronensaft glatt rühren. Salzen und pfeffern.

3 | Die Hälfte vom Fisch in die gebutterte Form legen. Den Spinat auf dem Fisch verteilen. Restliche Filets darauf legen, mit Crème fraîche bestreichen und mit Käse bestreuen. Übrige Butter in Flöckchen auf dem Käse verteilen. Im Backofen (Mitte, Umluft 180°) etwa 15 Min. garen.

➤ Beilage: Pellkartoffeln

➤ Getränk: Weißwein

gelingt leicht | schnell

Fisch vom Blech

FÜR 4 PERSONEN

- 800 g Fischfilets (Schellfisch, Kabeljau, Seelachs oder Schwertfisch)
- 2 Knoblauchzehen
- 2 EL Zitronensaft
- 50 g weiche Butter
- 2 EL Weinbrand
- 1 EL eingelegte grüne Pfefferkörner
- 3 EL Olivenöl
- 3 EL grob geriebene Weißbrotbrösel
- Salz | Pfeffer

Zubereitung: 30 Min.

➤ Pro Portion etwa: 360 kcal

1 | Fischfilets in Portionsstücke schneiden. Mit Salz, durchgepresstem Knoblauch und Zitronensaft würzen.

2 | Den Backofen auf 200° (Umluft 180°) vorheizen. Die Butter mit Salz, Pfeffer, Weinbrand und den grünen Pfefferkörnern verrühren.

3 | Ein Backblech mit Öl ausstreichen und im Backofen erhitzen. Die Fischscheiben darauf legen, das Blech wieder in den Backofen schieben (Mitte), etwa 5 Min. braten.

4 | Die angebratenen Scheiben wenden, mit den Bröseln bestreuen und Pfefferbutter-Flöckchen darauf verteilen. In 6–8 Min. fertig braten.

➤ Beilage: Grüner Bohnensalat mit Tomaten

➤ Getränk: Bier

im Bild vorne: Überbackenes Filet auf Spinat *im Bild hinten:* Fisch vom Blech ➤

mediterran | sommerlich

Gegrillte Sardinen mit Aioli

FÜR 4 PERSONEN

- **800 g küchenfertige, frische Sardinen (ersatzweise tiefgekühlte)**
  je 2 rote und grüne Paprikaschoten
  3 Knoblauchzehen
  1 Eigelb, zimmerwarm
  150 ml kalt gepresstes, aromatisches Olivenöl
  2 EL Zitronensaft
  Olivenöl zum Grillen
  Salz | schwarzer Pfeffer

Zubereitung: 35 Min.
- Pro Portion etwa: 600 kcal

1 | Frische Sardinen waschen, tiefgekühlte auftauen lassen, kurz abspülen und abtrocknen. Innen und außen salzen. Die Paprikaschoten waschen, vierteln und putzen.

2 | Für die Aioli Knoblauch schälen und durchpressen. Mit Eigelb und Salz in einer Schüssel verrühren. Danach in kleinen Portionen das Olivenöl dazuträufeln und kräftig unterrühren, bis eine glatte Mayonnaise entsteht. (oder alles im Mixer aufschlagen). Mit Zitronensaft, Salz und Pfeffer würzen.

3 | Sardinen und Paprikaviertel dünn mit Olivenöl einstreichen. Auf geölte Alufolie legen und etwa 10 Min. rundum grillen – am besten auf dem Holzkohlengrill im Freien, notfalls auch unterm Backofengrill.

- Beilage: Weißbrot
- Getränk: Bier

preiswert | für Kinder

Seelachsstäbchen mit Avocadosauce

FÜR 4 PERSONEN

- **1 reife Avocado**
  4 EL Zitronensaft
  1 große, reife Tomate
  2 Frühlingszwiebeln
  6 EL Olivenöl
  1/2 Bund glatte Petersilie
  800 g Seelachsfilet
  1 EL Mehl | 1 Ei
  100 g grob geriebene Weißbrotbrösel
  Salz | Pfeffer

Zubereitung: 45 Min.
- Pro Portion etwa: 530 kcal

1 | Die Avocado halbieren und den Stein herauslösen. Das Fruchtfleisch schälen und klein hacken. Sofort Zitronensaft unterrühren.

2 | Die Tomate überbrühen und enthäuten, fein hacken. Frühlingszwiebeln putzen und waschen, fein hacken. Mit der Avocado mischen. 2 EL Öl unterrühren, die Sauce mit Salz und Pfeffer abschmecken. Die Petersilie waschen, fein hacken und unter die Sauce mischen.

3 | Fisch in fingerbreite und -lange Streifen schneiden. Salzen und pfeffern, leicht mit Mehl bestäuben. Das Ei in einem Teller verquirlen, die Streifen darin wenden, mit den Bröseln panieren.

4 | In einer großen Pfanne das restliche Öl erhitzen, die Fischstreifen von jeder Seite in etwa 5 Min. knusprig braten. Zur Sauce servieren.

- Beilage: Kartoffelsalat

im Bild vorne: **Gegrillte Sardinen mit Aioli** *im Bild hinten:* **Seelachsstäbchen mit Avocadosauce**

schnell | für Kinder

Fisch-Cordon-bleu

FÜR 4 PERSONEN

- **4 Scheiben nicht zu dünne Fischfilets (z. B. Kabeljau, Rotbarsch, Seelachs)**
  1 Zitrone
  4 Scheiben gekochter Schinken
  4 Scheiben junger Gouda
  2 EL Mehl
  1 Ei
  8 EL Semmelbrösel
  4 EL Öl | 1 EL Butter
  Salz | Pfeffer

Zubereitung: 25 Min.
- Pro Portion etwa: 430 kcal

1 | Fischfilets quer einschneiden, aufklappen. Mit Salz, Pfeffer und dem Saft von 1/2 Zitrone würzen. Mit je 1 Scheibe Schinken und Käse belegen, zuklappen. Schinken und Käse so falten, dass nichts herauslappt.

2 | Gefüllte Filets dünn mit Mehl bestäuben. Das Ei verquirlen, Filets damit bestreichen. In Semmelbröseln wenden, Panade fest andrücken.

3 | Das Öl erhitzen, die Butter darin schmelzen. Die Fischfilets von jeder Seite etwa 5 Min. braten. Mit Zitronenschnitzen anrichten.

- Beilage: Tomatenspaghetti
  Dafür 400 g bissfest gekochte Spaghetti in 1/4 l heißem Tomatensaft wenden, mit 2 EL Sahne und 1 Prise Zucker würzen, Schnittlauch aufstreuen.

Klassiker | für Kinder

Knusperkringel

FÜR 4 PERSONEN

- **600 g küchenfertige Tintenfische (Kalmare, frisch oder tiefgekühlt)**
  2 EL Zitronensaft
  2 EL Olivenöl
  2 Eier | 150 g Mehl
  1/8 l Mineralwasser
  Butterschmalz zum Frittieren (etwa 500 g)
  2 Zitronen
  Salz | Pfeffer

Zubereitung: 50 Min.
- Pro Portion etwa: 500 kcal

1 | 2 l Salzwasser zum Kochen bringen. Tintenfische gründlich waschen. In den Topf geben und 1 Min. köcheln lassen. Abgießen, kalt abschrecken und abtrocknen. Tintenfische in etwa 1 cm breite Ringe schneiden. Leicht salzen und pfeffern, mit Zitronensaft und Olivenöl mischen und durchziehen lassen.

2 | Die Eier trennen. Das Mehl mit den Eigelben, 1 Prise Salz und dem Mineralwasser verquirlen. Mindestens 15 Min. quellen lassen. Eiweiße steif schlagen, unterziehen.

3 | In einem Topf oder der Fritteuse Butterschmalz erhitzen. Die Tintenfischringe mit einer Gabel durch den Teig ziehen. Portionsweise ins heiße Fett geben und in jeweils 2–3 Min. goldgelb frittieren. Zwischendurch vorsichtig mit einem Kochlöffel wenden, damit sie gleichmäßig bräunen. Auf Küchenpapier abtropfen lassen, ganz frisch mit Zitronenvierteln servieren.

- Beilage: bunter gemischter Salat, Aioli von Seite 40

im Bild vorne: **Knusperkringel** *im Bild hinten:* **Fisch-Cordon-bleu**

asiatisch | schnell

Zitronen-Ingwer-Fisch aus dem Wok

FÜR 4 PERSONEN

- 600 g feines Fischfilet (z. B. weißer Heilbutt, Tunfisch oder Schwertfisch)
  2 Zitronen (eine davon unbehandelt)
  1 Stück frischer Ingwer (etwa walnussgroß)
  4 Selleriestangen
  1 Bund Frühlingszwiebeln
  2 EL Öl
  1 EL Butter
  125 g Sahne
  Muskatnuss, frisch gerieben
  Salz | Pfeffer

Zubereitung: 35 Min.

- Pro Portion etwa: 330 kcal

1 | Das Fischfilet in schmale Streifen schneiden, salzen und pfeffern. Die unbehandelte Zitrone waschen, die Schale fein abreiben, den Saft auspressen. Ingwer schälen und fein hacken. Den Fisch mit Ingwer, Zitronensaft und -schale würzen.

2 | Die Selleriestangen und die Frühlingszwiebeln putzen und waschen. Sellerie in feine Scheibchen, Zwiebeln in Ringe schneiden. Das Selleriegrün fein hacken.

3 | Die zweite Zitrone filetieren. Das Fruchtfleisch in kleine Stücke schneiden, die Kerne dabei entfernen.

4 | Im Wok das Öl erhitzen, Butter darin schmelzen lassen. Sellerie und die weißen Zwiebelringe unter Rühren 5 Min. braten. Den Fisch mit der Marinade dazugeben, unter häufigem Rühren etwa 3 Min. braten.

5 | Die Zitronenstückchen einrühren, Sahne angießen und alles mit Salz, Pfeffer und Muskat abschmecken. 2 Min. sanft köcheln lassen. Mit den grünen Zwiebelringen und dem Selleriegrün bestreuen.

- Beilage: Wildreis-Mischung
- Getränk: leichter Weißwein

1 **Gemüse schneiden**
Zum Garen im Wok wird Gemüse in feine Stifte oder Streifen geschnitten.

2 **Zitrone filetieren**
Die weiße Haut wird beim Schälen sorgfältig mit entfernt.

3 **Pfannenrühren im Wok**
Die Zutaten immer in Bewegung halten, damit sie gleichmäßig garen.

gut vorzubereiten

Schollengratin mit Spargel

FÜR 2 PERSONEN

- 400 g Schollenfilets
- 1 Zitrone
- Cayennepfeffer
- Muskatnuss, frisch gerieben
- 500 g grüner Spargel
- 50 g milder roher Schinken
- 1 EL Öl
- 200 ml Gemüsefond
- Butter für die Form
- 2 EL Crème fraîche
- 1 EL Parmesan, frisch gerieben
- Salz | weißer Pfeffer

Zubereitung: 40 Min.
Pro Portion etwa: 440 kcal

1 | Die Schollenfilets mit 1 EL Zitronensaft beträufeln, mit Salz, 1 Prise Cayennepfeffer und Muskat würzen. Den Spargel waschen, unten etwas schälen und die holzigen Enden abschneiden.

2 | Den Backofen auf 200° (Umluft 180°) vorheizen. Die Schinkenscheiben in Streifen schneiden, mit dem Öl in einer Pfanne knusprig braten. In Alufolie wickeln und im Backofen warm halten.

3 | Die Spargelstücke in die Pfanne mit dem ausgelassenen Schinkenfett geben und sanft anbraten. Mit dem restlichen Zitronensaft ablöschen, Fond angießen, etwa 8 Min. bei milder Hitze köcheln lassen.

4 | Eine flache feuerfeste Form mit der Butter ausstreichen. Die Schollenfilets in die Form geben. Den Spargel aus dem Sud heben, abtropfen lassen und auf dem Fisch verteilen. Salzen und pfeffern.

5 | Die Crème fraîche in den Spargelsud rühren, kurz aufkochen. Mit Muskat, Pfeffer und Salz leicht würzen. Fisch und Spargel mit der Sauce begießen, Parmesan darauf streuen. Im Backofen (Mitte) 10–15 Min. überbacken, bis der Auflauf goldgelb ist. Mit den knusprigen Schinkenstreifen garnieren.

- Beilage: Reis
- Getränk: Weißwein

schnell | gelingt leicht

Fischhäppchen in Salbeibutter

FÜR 4 PERSONEN

- 700 g Fischfilet (z. B. Heilbutt)
- 150 g Champignons
- 100 g Butter
- 4 EL Zitronensaft
- 10 Salbeiblättchen
- Salz | weißer Pfeffer

Zubereitung: 20 Min.
Pro Portion etwa: 370 kcal

1 | Fischfilet in kleine Stücke schneiden, leicht salzen. Pilze putzen und vierteln.

2 | In zwei Pfannen die Butter zerlassen, salzen, pfeffern, je 1 EL Zitronensaft und Salbeiblätter einrühren. Fischhäppchen auf die Pfannen verteilen und von beiden Seiten je 3 Min. braten. Nach dem Wenden die Pilze dazugeben und mitbraten. Mit Salz, Pfeffer und Zitronensaft abschmecken. Sofort servieren.

- Beilage: Reis und Salat
- Getränk: Weißwein

im Bild vorne: **Fischhäppchen in Salbeibutter** *im Bild hinten:* **Schollengratin mit Spargel** ➤

sommerlich | für Kinder

Bunte Spieße mit Röstbrot

FÜR 4 PERSONEN

- **400 g Fischfilet (Rotbarsch oder Tunfisch)**
  250 g Kirschtomaten
  200 g kleine Zucchini
  200 g festes Weißbrot
  1/2 unbehandelte Zitrone
  8 EL Olivenöl
  1 Knoblauchzehe
  Salz | Pfeffer
  Grillspieße
  Öl für Blech und Spieße

Zubereitung: 45 Min.
➤ Pro Portion etwa: 480 kcal

1 | Fischfilet in 2–3 cm große Würfel schneiden (Tunfisch enthäuten, sehr dunkle Stellen entfernen). Die Kirschtomaten waschen und abtrocknen. Zucchini waschen und putzen, in 1 cm dicke Scheiben schneiden. Das Weißbrot würfeln.

2 | Den Backofen auf 250° (Umluft 220°) vorheizen. Ein Backblech mit Öl bestreichen. Die Zitronenschale abreiben, den Saft auspressen. Beides mit dem Olivenöl verquirlen, salzen und pfeffern. Knoblauchzehe schälen, dazupressen.

3 | Alle Zutaten abwechselnd auf geölte Spieße aus Holz oder Metall stecken. Mit dem Würzöl rundum bestreichen und aufs Backblech legen. Im Backofen (Mitte) etwa 10 Min. garen, zwischendurch wenden. Oder: Auf geölte Alufolie legen und auf dem Holzkohlengrill garen.

preiswert | für Kinder

Paprikafisch im Blätterteig

FÜR 4 PERSONEN

- **4 Platten tiefgekühlter Blätterteig (300 g)**
  je 1 kleine rote und gelbe Paprikaschote
  1 kleine Zwiebel
  300 g Fischfilet (z. B. Kabeljau)
  2 EL Öl
  1 TL edelsüßes Paprikapulver
  1 Ei | 2 EL Crème fraîche
  1 EL Zitronensaft
  Mehl zum Ausrollen
  Salz | Pfeffer

Zubereitung: 1 Std.
➤ Pro Portion etwa: 450 kcal

1 | Blätterteig auftauen lassen. Paprikaschoten waschen, halbieren, putzen und klein würfeln. Die Zwiebel schälen und fein hacken. Den Fisch klein schneiden.

2 | Das Öl in einer Pfanne erhitzen. Zwiebel und Paprikapulver darin unter Rühren etwa 5 Min. anbraten. Fisch etwa 2 Min. sanft mitbraten, salzen und pfeffern. Pfanne vom Herd nehmen, den Backofen auf 200° vorheizen.

3 | Die Teigplatten auf doppelte Größe ausrollen. Das Ei trennen, Teigränder mit verquirltem Eiweiß bestreichen. Die Fisch-Mischung in der Mitte der Platten verteilen.

4 | Die Crème fraîche mit Zitronensaft, Salz und Pfeffer würzen, auf die Füllung träufeln. Teigplatten seitlich einschlagen, aufrollen, außen dünn mit Eigelb bestreichen. Auf ein kalt abgespültes Blech setzen und im Backofen (Mitte, Umluft 180°) in etwa 25 Min. goldgelb backen.

im Bild vorne: **Paprikafisch im Blätterteig** *im Bild hinten:* **Bunte Spieße mit Röstbrot** ➤

Fisch für Gäste

Verwöhnprogramm für Gast und Gastgeber: Etwas Besonderes auf dem Teller – und das ganz ohne Stress. Damit es allen schmeckt, am besten heimlich die Vorlieben erkunden: roher Fisch nach Japan-Art, Fondue oder Garnelen-Risotto, knusprig frittierter Karpfen oder der pure Fisch in Salzkruste? Für Fischliebhaber ein wahres Vergnügen. Und für die Gastgeber? Für sie gilt: In Ruhe vorbereiten, schnell vollenden – und 9 mal ins Schwärmen kommen.

Blitzrezepte

Edelfisch in Weißweinsauce

FÜR 4 PERSONEN

➤ **750 g kleine Lottescheiben**
2 EL Öl | 1 EL Butter
4 gehackte Schalotten
1/4 l trockener Weißwein
1 TL gehackter Thymian
2 EL Crème fraîche
Salz | Pfeffer

1 | Lottescheiben leicht salzen und pfeffern. Öl mit Butter erhitzen, den Fisch von jeder Seite 2 Min. braten. Herausnehmen und abgedeckt warm halten.

2 | Schalotten im Bratsatz andünsten. Wein mit Thymian angießen, zur Hälfte einköcheln lassen. Crème fraîche einrühren, würzen.

Sashimi

FÜR 4 PERSONEN

➤ **500 g ganz frisches Tunfischfilet**
100 g Rettich
100 g Salatgurke
2 TL Wasabipaste (Asienladen)
2 EL Sojasauce
6 EL Reiswein

1 | Den Fisch mit einem scharfen Messer in hauchdünne Scheibchen schneiden. Rettich und Gurke schälen, hauchfein aufschneiden. Alles dekorativ anrichten.

2 | Wasabipaste mit 2–3 EL Wasser, Sojasauce mit Reiswein anrühren. In Schälchen zum Dippen dazu servieren.

macht was her

Seezungenröllchen mit Pesto

FÜR 4 PERSONEN

➤ **2 EL Pinienkerne**
2 Knoblauchzehen
1 großes Bund Basilikum
100 ml Olivenöl
1 EL Crème fraîche
1 Bund zarte Möhren
1/2 unbehandelte Zitrone
600 g Seezungenfilets (ersatzweise Schollenfilets)
2 EL Aceto Balsamico
Salz | Pfeffer

Zubereitung: 35 Min.
➤ Pro Portion etwa: 480 kcal

1 | Die Pinienkerne kurz anrösten, Knoblauch schälen. Mit Basilikumblättchen und 1 Prise Salz im Mixer pürieren. Mit Olivenöl und Crème fraîche zu einer Paste rühren.

2 | Einen großen Topf mit passendem Siebeinsatz etwa 5 cm hoch mit Wasser füllen, das Wasser aufkochen.

3 | Die Möhren mit etwa 2 cm Grün vom Bund abschneiden, putzen und waschen. Im Siebeinsatz verteilen, salzen und pfeffern, mit abgeriebener Zitronenschale bestreuen.

4 | Den Siebeinsatz in den Topf mit leicht kochendem Wasser stellen. Den Deckel schließen. Die Möhren etwa 10 Min. im Dampf garen.

5 | Die Fischfilets dünn mit Pesto bestreichen, aufrollen und feststecken. Zu den Möhren in den Siebeinsatz legen, salzen, pfeffern, mit Zitronensaft beträufeln. Zugedeckt etwa 5 Min. dämpfen. Vor dem Servieren die Möhren mit dem Balsamico beträufeln.

➤ Beilage: schmale Bandnudeln mit Pesto
➤ Getränk: Weißwein

gelingt leicht

Spinatforelle

FÜR 4 PERSONEN

➤ **1 unbehandelte Zitrone**
3 EL weiche Butter
1 1/2 EL gemahlene Mandeln
4 küchenfertige Forellen (frisch oder tiefgekühlt, jeweils etwa 200 g)
150 g tiefgekühlter, junger Spinat
2 EL Öl
Salz | Pfeffer

Zubereitung: 30 Min.
➤ Pro Portion etwa: 260 kcal

1 | Die Zitrone heiß waschen, die Schale abreiben, Saft auspressen. Butter mit Mandeln, Zitronenschale und 3 EL Zitronensaft verrühren. Den Backofen auf 200° vorheizen.

2 | Frische oder aufgetaute Forellen kurz abspülen, abtrocknen. Salzen und pfeffern, mit dem Spinat und je 1/2 EL gewürzter Butter füllen.

3 | Vier Stück Alufolie mit Öl bestreichen. Die Forellen darauf legen, mit Butterflöckchen belegen und mit Zitronensaft beträufeln. Locker zu Päckchen verschließen, auf ein kaltes Backblech legen. In den Ofen schieben (Mitte, Umluft 180°), 20 Min. garen.

➤ Beilage: Reis oder Brot
➤ Getränk: Weißwein oder Rosé

im Bild vorne: **Seezungenröllchen mit Pesto** *im Bild hinten:* **Spinatforelle** ➤

gut vorzubereiten | Klassiker

Fisch-Fondue

FÜR 4 PERSONEN

- **600 g edles Fischfilet (z. B. Lachs, Scholle, Waller)**
- **250 g geschälte, rohe Garnelen**
- **Salatblätter und Kräuter zum Garnieren**
- **3 Zitronen**
- **200 g frische Champignons**
- **2 Bund Frühlingszwiebeln**
- **2 kleine Zucchini**
- **200 g Zuckerschoten**
- **3 l Fischfond oder Hühnerbrühe**
- **4 feine Drahtsiebe für das Fonduegerät**

Zubereitung: 20 Min.

- Pro Portion etwa: 420 kcal

1 | Die Fischfilets in Häppchen schneiden. Mit den Garnelen auf mehrere Platten verteilen, mit Salatblättern und Kräuterzweigen schön anrichten. Fisch und Garnelen mit etwas Zitronensaft beträufeln.

2 | Die Champignons putzen, halbieren oder vierteln. Mit Zitronensaft beträufeln. Die Frühlingszwiebeln putzen, waschen, helle Teile in Stücke schneiden, dunkle Teile für die Grüne Sauce verwenden.

3 | Zucchini waschen und putzen, längs halbieren und quer in dünne Scheiben schneiden. Die Zuckerschoten putzen und waschen, Gemüse dekorativ anrichten.

4 | Fischfond oder Hühnerbrühe in einem großen Topf zum Kochen bringen, mit Zitronensaft würzen. Kurz vor dem Essen kochend heiß in den Fonduetopf umfüllen, auf das Rechaud stellen.

5 | Fisch, Garnelen und Gemüse in die Drahtsiebe füllen, in die Brühe tauchen und kurz garen. Die Saucen dazu in kleinen Schälchen servieren (siehe unten). Bei Bedarf Brühe im Fonduetopf nachfüllen. Zum Abschluss des Fondues übriges Gemüse im Sud garen und als Süppchen servieren.

- Beilage: Saucen und Brot
- Getränk: Weißwein

TIPPS

Saucen zum Fondue

- Grüne Sauce: Je 1/2 Bund Dill und Petersilie sowie grüne Frühlingszwiebeln (siehe oben) waschen und klein schneiden. Mit 200 g Crème fraîche und 1 EL Zitronensaft pürieren, salzen und pfeffern.
- Knoblauch-Chili-Öl: 1 rote Chilischote entkernen und fein hacken. 3 Knoblauchzehen durchpressen. Mit 2 EL Weinessig und 100 ml Olivenöl verquirlen.
- Curry-Creme: 200 g Joghurt und 2 EL Salat-Mayonnaise verrühren. 1 EL Currypulver in 1 EL Sesamöl glatt rühren, unter die Joghurtcreme mischen. Mit Zitronensaft, Salz, Pfeffer, Dill würzen.

schnell | italienisch

Garnelen-Risotto

FÜR 4 PERSONEN

- 3/4 l Gemüse- oder Hühnerbrühe
- 1/4 l trockener Weißwein
- 4 Frühlingszwiebeln
- 3 EL Butter
- 300 g Risottoreis
- 1 Döschen Safranfäden
- 300 g geschälte, gekochte Garnelen
- 3 EL Zitronensaft
- Salz | Pfeffer

Zubereitung: 35 Min.
Pro Portion etwa: 420 kcal

1 | Brühe mit Wein zum Kochen bringen. Die Frühlingszwiebeln putzen und waschen, in feine Ringe schneiden. In einer Pfanne 2 EL Butter zerlassen, die Zwiebeln darin andünsten.

2 | Den Reis gründlich unter die Zwiebeln und die Butter rühren. Eine Schöpfkelle voll kochend heißer Brühe angießen, unter häufigem Rühren köcheln lassen. Immer wieder Brühe nachgießen, sanft köcheln und öfter umrühren. Nach etwa 20 Min. in der letzten Portion Weinsud den Safran auflösen, angießen und den Reis fertig garen. Er sollte feucht und cremig sein.

3 | Die übrige Butter im Reis zergehen lassen. Garnelen untermischen, kurz erhitzen, salzen und pfeffern. Den Risotto mit Zitronensaft beträufeln und servieren.

- Getränk: trockener Weißwein

asiatisch | fettarm

Lotte aus dem Dampf

FÜR 2 PERSONEN

- 4 kleine Medaillons von der Lotte (je etwa 90 g)
- 2 EL Zitronensaft
- 1/2 TL zerkleinerte, getrocknete Chilischote
- 1 Fleischtomate
- 100 g frische Champignons
- 150 g zarter Blattspinat
- 3 TL Sesamöl
- 2 EL Sojasauce
- Salz | Pfeffer

Zubereitung: 40 Min.
Pro Portion etwa: 230 kcal

1 | Die Fischmedaillons mit 1 EL Zitronensaft und Chili marinieren. Die Tomate überbrühen, enthäuten, entkernen und klein würfeln. Die Pilze putzen, in dünne Scheiben schneiden und mit Zitronensaft beträufeln. Den Spinat waschen, abtropfen lassen.

2 | Eine Tasse umgedreht in einen großen Topf stellen, handbreit Wasser angießen, zugedeckt erhitzen.

3 | Einen großen Teller mit Sesamöl bestreichen. Spinatblätter und Pilze darauf verteilen. Den Fisch auf dem Gemüsebett anrichten, Tomatenwürfel darauf streuen. Salzen und pfeffern, mit Sojasauce und Sesamöl beträufeln.

4 | Teller auf die Tasse stellen, den Topf mit dem leicht köchelnden Wasser schließen. Fisch und Gemüse bei mittlerer Hitze 8–10 Min. dämpfen und auf dem Teller servieren.

- Beilage: Reis
- Getränk: Weißwein

im Bild vorne: Lotte aus dem Dampf *im Bild hinten:* Garnelen-Risotto ➤

herzhaft | Klassiker

Karpfen im Bierteig

FÜR 4 PERSONEN

- **400 g Karpfenfilets**
  3 EL Zitronensaft
  200 g Mehl
  2 Eier, getrennt
  250 ml helles Vollbier
  Butterschmalz zum Frittieren
  Salz | Pfeffer

Zubereitung: 1 Std.
- Pro Portion etwa: 430 kcal

1 | Die Karpfenfilets in etwa 3 cm lange, fingerbreite Stücke schneiden. Mit dem Zitronensaft marinieren.

2 | Das Mehl durchsieben. Mit 1 TL Salz, 2 Eigelben und dem Bier zu einem glatten Teig schlagen. Etwa 20 Min. quellen lassen. Butterschmalz in einem großen Topf oder in der Fritteuse erhitzen.

3 | Die 2 Eiweiße zu Schnee schlagen und unter den Teig ziehen. Die Fischstücke mit Küchenpapier abtrocknen, leicht salzen und pfeffern.

4 | Mit einer Gabel die Fischstücke durch den Teig ziehen. Portionsweise im Frittierkorb ins heiße Fett tauchen und goldgelb ausbacken. Gut abtropfen lassen, heiß servieren.

- Beilage: frischer Weißkohl-Salat mit roten Paprikastreifen und Petersilie
- Getränk: Bier

gelingt leicht | fettarm

Wolfsbarsch in Salzkruste

FÜR 4 PERSONEN

- **1 küchenfertiger Wolfsbarsch (etwa 1,2 kg, ersatzweise Lachsforelle)**
  1/2 Bund Rucola
  2 1/2 kg grobes Meersalz oder normales Salz
  2 Eiweiße

Zubereitung: 1 Std.
- Pro Portion etwa: 160 kcal

1 | Den Fisch kalt abspülen und abtrocknen. Rucola waschen, in die Bauchhöhle legen. Die Bauchlappen fest übereinander legen, damit später beim Garen kein Salz eindringt.

2 | Den Backofen auf 250° vorheizen. Das Salz mit etwa 200 ml kaltem Wasser und den 2 Eiweißen in einer Schüssel gut verrühren. Ein Backblech oder die Fettpfanne mit einer etwa 2 cm hohen Salzschicht füllen.

3 | Den Fisch in die Mitte des Salzbettes legen. Die restliche Salzmasse darüber verteilen und den Fisch rundum einhüllen. Salz gut fest drücken. Fisch auf dem Blech in den Backofen schieben (Mitte, Umluft 220°) und etwa 30 Min. garen. Dann ausschalten, die Tür öffnen und den Fisch in der Kruste noch etwa 10 Min. ziehen lassen.

4 | Den Fisch im Salzbett servieren. Mit einem Hammer oder Fleischklopfer vorsichtig die feste Salzkruste aufklopfen und entfernen. Den Fisch portionieren und verteilen.

- Beilage: Kartoffeln mit heißer, flüssiger Butter oder Stampfkartoffeln, dazu grüner Blattsalat
- Getränk: feiner trockener Weißwein

im Bild vorne: **Karpfen im Bierteig** *im Bild hinten:* **Wolfsbarsch in Salzkruste** ➤

Damit Sie Rezepte mit bestimmten Zutaten noch schneller finden können, stehen in diesem Register zusätzlich auch beliebte Zutaten wie Tomaten und Kartoffeln – ebenfalls alphabetisch geordnet und **halbfett** gedruckt – über den entsprechenden Rezepten.

A

B

C/D

E/F

G

H

K

Die Autorin

Sabine Sälzer, Ökotrophologin und Foodjournalistin, seit 1988 exklusiv bei Gräfe und Unzer. Sie entwickelt neue Kochbuch-Konzepte für den Verlag, arbeitet als Autorin und Redakteurin. Ihre Erfolgstitel der letzten Jahre sind z. B. »Die echte italienische Küche« und »Basic cooking«. Bei ihren Rezepten legt sie besonderen Wert auf unkomplizierte Handhabung, wenige Arbeitssschritte und viel Abwechslung beim Würzen.

Der Fotograf

Jörn Rynio arbeitet als Fotograf in Hamburg. Zu seinen Auftraggebern gehören nationale und internationale Zeitschriften, Buchverlage und Werbeagenturen. Aus seinem Studio stammen alle Rezeptfotos in diesem Band. Tatkräftig unterstützt wurde er dabei von seiner Foodstylistin Petra Speckmann.

Hinweis

Die Temperaturstufen bei Gasherden variieren von Hersteller zu Hersteller. Welche Stufe Ihres Herdes der jeweils angegebenen Temperatur entspricht, entnehmen Sie bitte der Gebrauchsanweisung.

Bildnachweis

FoodPhotographie Eising, Martina Görlach: Titelfoto
Teubner Foodfoto: S. 4, S. 5, S. 6, S. 7
Alle anderen: Jörn Rynio, Hamburg

©2002 Gräfe und Unzer Verlag GmbH, München

Alle Rechte vorbehalten. Nachdruck, auch auszugsweise, sowie Verbreitung durch Film, Funk, Fernsehen und Internet durch fotomechanische Wiedergabe, Tonträger und Datenverarbeitungssysteme jeglicher Art nur mit schriftlicher Genehmigung des Verlages.

Redaktionsleitung:
Birgit Rademacker
Redaktion und Lektorat:
Beate Pfeiffer
Satz:
Verlagssatz Lingner
Korrektorat:
Nina Starost
Layout, Typografie und Umschlaggestaltung:
Independent Medien Design, München
Herstellung:
Helmut Giersberg
Reproduktion:
Repro Schmidt, Dornbirn
Druck und Bindung:
Druckhaus Kaufmann, Lahr

ISBN 3-7742-4881-8

Auflage 5. 4. 3.
Jahr 2006 05 04

Das Original mit Garantie

Ihre Meinung ist uns wichtig. Deshalb möchten wir Ihre Kritik, gerne aber auch Ihr Lob erfahren. Um als führender Ratgeberverlag für Sie noch besser zu werden. Darum: Schreiben Sie uns! Wir freuen uns auf Ihre Post und wünschen Ihnen viel Spaß mit Ihrem GU-Ratgeber.

Unsere Garantie: Sollte ein GU-Ratgeber einmal einen Fehler enthalten, schicken Sie uns das Buch mit einem kleinen Hinweis und der Quittung innerhalb von sechs Monaten nach dem Kauf zurück. Wir tauschen Ihnen den GU-Ratgeber gegen einen anderen zum gleichen oder ähnlichen Thema um.

Ihr Gräfe und Unzer Verlag
Redaktion Kochen
Postfach 86 03 25
81630 München
Fax: 089/41981-113
e-mail: leserservice@graefe-und-unzer.de

GU KÜCHENRATGEBER

Neue Rezepte für den großen Kochspaß

ISBN 3-7742-4894-X

ISBN 3-7742-4895-8

ISBN 3-7742-4899-0

ISBN 3-7742-4897-4

ISBN 3-7742-4887-7

ISBN 3-7742-4886-9

Das macht die GU Küchenratgeber zu etwas Besonderem:

- *Rezepte mit maximal 10 Hauptzutaten*
- *Blitzrezepte in jedem Kapitel*
- *alle Rezepte getestet*
- *Geling-Garantie durch die 10 GU-Erfolgstipps*

GU

Gutgemacht. Gutgelaunt.

Geling-Garantie für Fisch

FRISCHE

- Rund um die Fischtheke riecht es angenehm frisch nach Meer – nie nach Fisch
- Ganze Fische und Filets liegen direkt auf reichlich zerstoßenem Eis
- Ganze Fische haben glänzende Augen, unbeschädigte Haut und rötliche Kiemen
- Fischfilets sehen appetitlich aus, sind weder verfärbt noch angetrocknet

BIO-FISCH

- Ein Trend mit Zukunft – bisher leider noch keine einheitlichen EU-Richtlinien
- Naturland-Label garantiert besonders strenge Auflagen: beste Wasserqualität, geringe Besatzdichte, keine Antibiotika oder Zusatzstoffe, kein gentechnisch verändertes Futter, Fischmehl nur aus kontrollierten Wild- oder Ökobeständen (www.naturland.de)

NIE MEHR GRÄTEN

- Beim Kaufen: Fisch vom Händler fachgerecht ausnehmen und filetieren lassen
- Vorm Zubereiten: Fischfilets gründlich mit den Fingerspitzen abtasten, Gräten mit der Pinzette herauszupfen
- Beim Essen: Fisch sauber filetieren, alle sichtbaren Gräten entfernen. Schnelle Hilfe bei geschluckter Gräte: reichlich Brot essen. Wenn sich die Gräte dann nicht löst: Zum Arzt!

NÜTZLICHE GERÄTE

- Kleines, kräftiges Küchenmesser – zum Ausnehmen und Schuppen, zum Auslösen und Zerteilen von Filets
- Küchenschere – zum sauberen und glatten Abtrennen der Flossen
- Pinzette – zum Gräten zupfen
- Siebeinsatz – zum schonenden Dämpfen und Pochieren